大好き！美味しい！
マッシュルーム
レシピ

MUSHROOM TOKYO

私たちの

食卓が明るくなる

そんなキノコが

マッシュルーム

もくじ

EVERYDAY MUSHROOM　　　7

名前はよく聞くが、くわしくは知らない「マッシュルーム」をもっと知って、もっとおいしく食べていただくために

　　ホワイトマッシュルーム　10

　　ブラウンマッシュルーム　12

　　ギガマッシュ®　14

Nutrition　　　16

キノコの中でも栄養価が高く、ビタミンB群を多く持ち、新陳代謝を促し、疲労回復効果が。さらに繊維質でなおかつ低カロリー、ダイエットする女性にはピッタリな食材。

　　マッシュルームの栄養について　16
　　ビタミンB3（ナイアシン）／ビタミンB2／繊維質／カリウム／ビタミンB5（パントテン酸）／グアニル酸

MUSHROOM DISHES RECIPE　21

ちょっとむずかしいと考えてしまっていたマッシュルーム料理が、お家でも簡単に美味しくできます。

　　マッシュルームのパーツ　24

　　マッシュルームの切り方　25

　　マッシュルームが「生」で食べられるって知っていました？　26

マッシュルーム料理専門店のシェフが教える
素敵なレシピ

- **ひらひらマッシュルーム**　27
- **マッシュルームのディップのせ**　28
- **季節のお野菜とマッシュルームのバーニャカウダ**　30
- **マッシュルームとホット野菜のマリネサラダ**　32
- **マッシュルームのピクルス**　34

　　マッシュルームと仲良くするために　36

　　スーパーで買ってどれくらいの間日持ちするの？　37

　　黒くなって益々美味しくなっていきます　38

　　どうやって保存するのがいいのかな？　39

- **マッシュルームのアヒージョ**　40
- **マッシュルームのオムレツ**　42
- **マッシュルームのゴロゴロカレー**　44
- **マッシュルームのカツ**　46

- ジャンボマッシュルームのクリームシチュー 48
- マッシュルームのミートソース 50
- マッシュルームと2種のトマトのアーリオオーリオ 52
  - 和食もいけるのだ 54
- マッシュルームのだし巻きタマゴ 56
- マッシュルームの味噌汁 58
- ジャンボマッシュルームに蓮根と海老の饅頭をのせて 60
- マッシュルームの佃煮 62
- マッシュルームのおひたし 64
- マッシュルームと新タマネギのおかか和え 66
- マッシュルームのTKG【卵かけごはん】 68
- マッシュルーム入り炊き込みご飯 70
- マッシュルームのベーコン巻き 72
- マッシュルーム入りメンチカツ 74
- マッシュルームのハンバーグ 76
- マッシュルーム入りコロッケ 78
- ジャンボマッシュルームの肉詰め 80
- マッシュルームのフリット 82
- GIGAマッシュのまるごとステーキ 84
- マッシュルーム餃子 86

- 麻婆マッシュ　88
- マッシュ醤(じゃん)　90
- マッシュルームのブルスケッタ　92
- マッシュルームのガーリックトースト　94
- マッシュルームのクリームスープ　96
- マッシュルームのキッシュ　98
- マッシュルームのパン　100
- ポンデケージョ　102
- マッシュルームムース　104
- 一平ライス　106

HISTORY OF MUSHROOM　108

このマッシュルームがどこで生まれ、どのように世の中に広がっていったのか

- こんにちは！僕、マッシュルーム　109
- 日本における僕たちの歴史　110
- 8月11日はマッシュルームの日　111

PINNING  112

マッシュルームがどのようにつくられているのか、ちょっと興味ありませんか

    マッシュルームの栽培　113

    マッシュルームの培地ってなに？　115

The Mushroom People 117

マッシュルームな人々

  1. HONEY MI HONEY TOKYO　117
  2. FACTORY 900　118
  3. The MUSHROOMS　119
  4. マッシュルームの歌が生まれました　120
  5. MUSHROOM TOKYO　121

MUSHROOM OF LIFE 123

日本唯一のマッシュルーム専門商社の社長と、日本最大規模のマッシュルーム農場の社長が現代のマッシュルーム・マーケットをつくり上げるまでのストーリー。

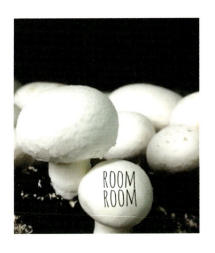

EVERYDAY MUSHROOM

昔から

名前はよく聞くが

くわしくは

しらないキノコ

【マッシュルーム】

そんな

マッシュルームを

もっと知って

もっとおいしく

食べていただくための本

【目】ハラタケ目
【科】ハラタケ科
【属】ハラタケ属

【和名】
ツクリタケ
【日本語】
マッシュルーム
【英語】
MUSHROOM
【仏語】
champignon

ヨーロッパ出身

生まれは16世紀ぐらい

日本では明治時代に

初めてお目見え

1922年に栽培に成功

陸軍の軍馬の

厩肥【馬の敷きわら】を

主に使って

栽培していました。

WHITE MUSHROOM

ホワイトマッシュルーム

【白いマッシュルーム】

最近スーパーマーケットなどでも売っているのを
よく見かけるようになった【ホワイトマッシュルーム】

お味はサッパリ系
3センチ程のサイズが基本ですが
たまには
8センチぐらいの大きなものも
見かけるようになりました。

生でたべると
みずみずしさと
新しい食感に驚きます。
サラダなどがおすすめです!

ホワイトマッシュルームは
色がきれいなので
お料理にするとよく映えます。

いつもの食事がもっと素敵になります。
今夜のお料理にちょっとくわえてみませんか?

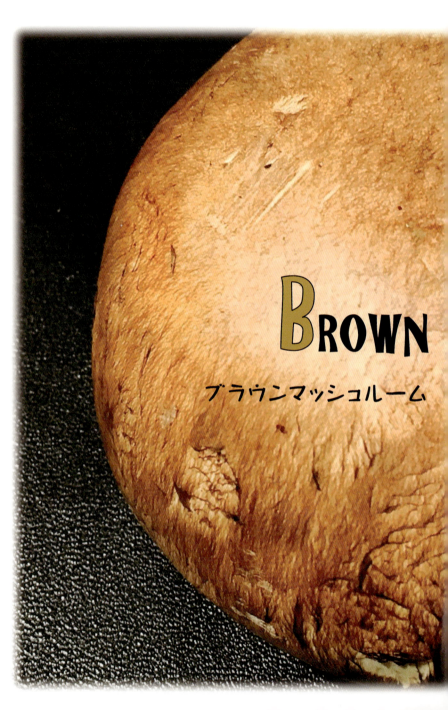

【ブラウンマッシュルーム】

どこか可愛いその容姿は
美味しい料理をつくる意欲を湧かせます。

ブラウンマッシュルームはその形や色から
煮込み料理等に使われています。

マッシュルームは、数あるキノコの中でも
旨味成分を多く含むキノコ
煮込む料理には最適な食材なのです。

スープや
シチュー
カレーなどもいいでしょう。

コロコロして
プリプリの食感がたまらない
ブラウンマッシュルームを
今度は是非あなたのお料理に
使ってみてはいかがですか？

【GIGA MUSH】
ギガマッシュ®

1/10000 の確率で発生する
巨大なマッシュルーム
通常のマッシュルームの約２０倍はあります。

種類はスーパーマーケットで見かける
マッシュルームと同じ種類。
はじめは収穫をし忘れていたマッシュルームが
巨大になっていたという偶然の出逢い。

旨味も肉厚な食感も
食べてみると
驚くほどジューシーなのです。

ぜひ皆さまも一度機会があれば
御賞味ください。
きっとまた新たなマッシュの世界が開けるはず。

マッシュルームの栄養について

マッシュルームにどんな栄養があり
私たちの身体にどのような
効果があるのかをご紹介します。

マッシュルームという健康食材

キノコの中でも栄養価が高いのが
マッシュルームなのです。
なかでもタンパク質を多く含み
ナイアシンというビタミンB群を多く持っています。

ナイアシンは女性におススメな栄養素で
身体の新陳代謝を促す効果があるといわれています。
夏バテや疲労回復などにもナイアシンを
多く摂取することが効果的とされています。

繊維質でなおかつ低カロリーの食材ですので
ダイエットをする女性には
ピッタリな食材といえます。

そのほかにも身体に良い成分を多く含む
マッシュルーム。
そんな栄養素を皆さんに
ご紹介します。

ビタミンB3（ナイアシン）

ビタミンB3は皮膚を健康に保ち脳神経を正常に働かせる代謝ビタミンです。
疲れやすい方や、お酒をよく飲む方にも最適なビタミンです。

ビタミンB2

ダイエットにも効果があり、太る原因の脂質を効率よくエネルギーにかえる働きをします。
疲労回復などにも効果があるビタミンです。

繊維質

腸内環境を整え有害物質を排出する働きがあります。
肌荒れを改善する作用もあります。

カリウム

身体の中の余分な塩分を排出する栄養素です。むくみなどを解消することから女性にはありがたい成分です。

ビタミンB5（パントテン酸）

エネルギーの代謝に密接な関係があり、代謝に必要な酵素はこの栄養素がなければ作られません。

グアニル酸

生活習慣病予防や癌の予防にも効果があるといわれています。

キノコ類は全般的に
栄養が豊富な食材ですが
マッシュルームも様々な成分を
多く含んでいます。
マッシュルームは
キノコの中では唯一
「生」でも食べられることから
他のキノコよりも栄養の摂取
方法に幅があるといえます。
是非毎日の食事に美味しく
マッシュルームを取り入れて
みてはいかがですか？

世界で一番つくられている

可愛くて

面白くて

美味しい

キノコ

【　マッシュルーム　】

まずは

皆さんを

美味しい世界にお連れします。

今までは
ちょっと使うのには
むずかしいと考えてしまっていた
マッシュルーム。

今回は皆さんに
お家でも出来る美味しい
マッシュルームレシピをご提案。

マッシュルーム料理の
第一人者でもある
マッシュルーム料理専門店
「マッシュルームトーキョー」の
鈴木シェフが素敵なマッシュレシピを
たくさん教えてくれました。

是非マッシュルームで
素敵なお食事を…

レシピの中に出てくるマッシュルームの種類を
簡単に表してみました。
ご参考にしてみてください。

ジャンボマッシュルームと書かれているのは・・・

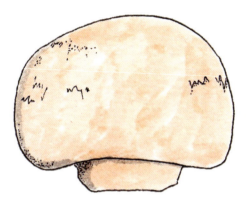

最近ではスーパーなどでも
見かけるようになりました。
8センチ程の大きさのもの。
肉厚で、お料理の幅も広がり
ます。

マッシュルームと書かれたものは・・・

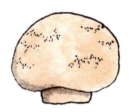

通常スーパーなどで売っている
3センチ程のサイズのもの。
カットするもよし、丸ごと使うもよし
レシピに応じて使ってみてください。

マッシュルームのパーツ

マッシュルームの各部位の呼び名をご紹介。

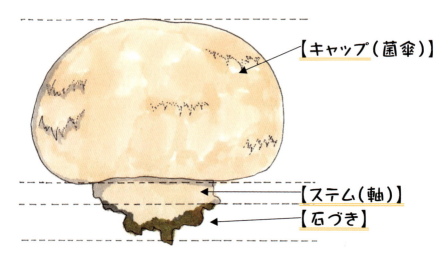

【キャップ(菌傘)】
【ステム(軸)】
【石づき】

【キャップ】が主に美味しいところ。
【ステム】は栄養の通り道ですから【キャップ】とは違う美味しさを味わえます。捨てずに食べてね。

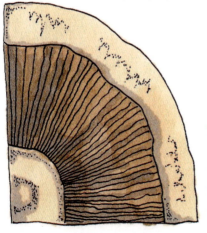

【ひだ】
英語ではギルと呼ばれる。
ここが黒くなってくると旨味が出やすくなっているサインなんですよー。

マッシュルームの切り方
レシピで表記されているマッシュルームの
切り方は下記の通り…

等分表記のマッシュルームは!!

等分表記のマッシュルームは
左の絵のようにカットしてくだ
さい。下の図は 8 等分になっ
ています。12 等分などの場合
は切数を増やすようにしてくだ
さい。食感を残しながら
マッシュルームを味わうには
最適なカットといえます。

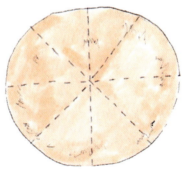

スライス表記のマッシュルームは!!

スライスは左の絵のように
スライスの厚みなどは
お料理によって変えてください。
食感も風味も変わります。
この形をみるとマッシュルームな
感じがすごくしますね。
さあ、調理に入っていきましょう!!

マッシュルームが

「生」で食べられるって

知っていました?

マッシュルームって栄養がいっぱいで

女子に

嬉しい

食材なんです♪

ひらひらマッシュルーム
塩とオリーブオイルで生で食べる定番メニュー

材料

- ジャンボマッシュルーム　1個
  ※レギュラーサイズのマッシュルームでも可
- オリーブオイル　適量
- 塩　適量

2人分

新鮮なマッシュルームを生のまま
スライサーで薄めにスライス。
マッシュルームの香りと食感が楽しめます。
マッシュルームはオイルを吸いやすいので
別皿にオイルと塩を用意して
つけながら召し上がって頂くのが
おすすめです。

様々なディップで楽しむ
マッシュルームのディップのせ

Avocado Dip

Tuna Dip

Tapenade Dip

ジャンボマッシュルーム………1個
6等分にカット

A アボカドクリームチーズ

アボカド ……………………… 1/4(サイコロ状にカット)
クリームチーズ ……………… 10g(サイコロ状にカット)
塩・コショウ・マヨネーズ …… 適量

1) ボールにアボカドとクリームチーズを入れ、マヨネーズを合わせ、お好みで塩・コショウをする
2) 1)をジャンボマッシュルームにのせる

ツナディップソース B

ツナ ………………… 50g　　　ケッパー ………… 10粒
白ワインビネガー …… 少々　　マヨネーズ ……… 少々
塩・コショウ

1) ツナとケッパーをまな板にのせ、包丁で軽くたたく
2) 白ワインビネガーにマヨネーズを少々入れる
3) 1)と2)を合わせ、塩・コショウで味を調整する
4) 3)をジャンボマッシュルームにのせる

C タプナードソース

オリーブのペースト …… 100g　　にんにく …………… 1片
ケッパー ………………… 10g　　アンチョビ ………… 少々
鷹の爪　　　　　　　　　　　　オリーブオイル …… 10ml

1) 材料を全部フードプロセッサーに入れてペースト状にする
2) 1)をジャンボマッシュルームにのせる

ジャム各種 D
(オレンジマーマレード　ブルーベリー　イチゴ　イチジクなど)

市販されているジャムをジャンボマッシュルームにのせる。
ジャム以外でも甘いものとの相性がバッチリです。

おうちでカンタン！
季節のお野菜とマッシュルームの バーニャカウダ

材料

ジャンボマッシュルーム……1/2（半分）を
　　　　　　　　　　　　4等分にカット

野菜はお好みで
にんにく………………… 10g（みじん切り）
アンチョビペースト…… 10g
バター…………………… 20g
生クリーム……………… 80cc

 2人分

作り方

1) 野菜はお好みで食べやすい形にカットする。
2) バターを鍋に溶かし、にんにくを入れ、弱火で炒め、アンチョビペーストを加えてよく混ぜる。
3) 2)に生クリームを入れ、弱火でダマを作らないようにゆっくり合わせていく。
4) 全体がなじんだら、火からおろし、温かいうちにマッシュルームや野菜につけてお召し上がりください。

根菜たっぷり
マッシュルームと
ホット野菜のマリネサラダ

材料 (2人分)

- マッシュルーム……………………………… 8個
- ペコロス…………………………………… 2個
  (なければ、タマネギ1個をくし型にカット)
- パプリカ……………………… 1個 (8等分にカット)
- レンコン…………… 1/4個 (少し厚めにスライス)
- 人参……………………………… 1/4本 (乱切り)
- ズッキーニ …………… 1本 (少し厚めにスライス)
- 大根…………… (人参と同量　1口サイズにカット)
- オリーブオイル……………………… 大さじ2
- 酢……… 大さじ1　　塩……… 小さじ1
- レモン汁…… 小さじ1　パセリ (仕上げ用)

作り方

1) 野菜を食べやすい大きさに切って、大きめの鍋に入れる。

2) 1)の中にオリーブオイル・酢・塩・レモン汁を加え、最初は強火で5分。鍋から湯気が出てきたらかき混ぜ、少し水分が出てきたら蓋をして弱火にして8〜10分加熱する。

3) 全体に火がとおったら火からおろし、蓋をしたまま常温になるまで蒸らしながら冷ましていく。

4) 器に盛り付けパセリをふって仕上げる。

＊このお料理は、塩をふって火をとおすことでマッシュルームと野菜から水分が出て、その水分で蒸した野菜のマリネが味わえます。是非、いろいろな野菜で試してください。

さっぱり！うま味が楽しめる
マッシュルームのピクルス

材料

マッシュルーム ……………… 100g

2人分

ピクルス液 - - - - - - - - - -

米酢 …………… 200ml
黒コショウ ……… 10粒
砂糖 ……………… 50g
塩 …………… 小さじ1 (約5g)
コリアンダー ……10粒
チョウジ ………… 2粒
ローリエ ………… 1枚

茹であげ用 - - - - - - - - - -

水 ……………… 300ml
塩 ………………… 6g

1) 茹であげ用のお水に塩を入れ沸騰させ、マッシュルームを切らずにそのまま入れて2分茹でる。茹で上がったらしっかりと水気を切っておく。

2) 鍋にピクルス液を入れて沸かす。

3) 1)と2)を合わせて冷やす。

マッシュルームと仲良くするために

【生】のマッシュルームを

普段の生活の中で扱うことは

少ないと思いますが

そんなマッシュルームと

仲良く

美味しく

お付き合いする知識を

少し皆さんに

ご紹介いたします!

スーパーで買ってどれくらいの間日持ちするの?

冷蔵庫のなるべく温度帯の低い場所に
保管してもらい、新鮮なものなら
4、5日は美味しく食べることができます。
表面にヌメリが出てきたときが
劣化のサインです。
そうなるまでの間も色々な
美味しく食べる頃合いがありますよ。

黒くなって益々美味しくなっていきます。

さて、皆さんもマッシュルームを冷蔵庫に入れていたら裏が黒くなって悪くなったと思った経験はありませんか？
裏の黒くなるのは【劣化】ではなく【熟成】なんです！
カサの中の旨味成分が裏のヒダに染み出して色が黒くなる頃は、旨味が出やすいとき！
是非煮込み料理等に使ってみてください。
美味しくなること間違いありません！

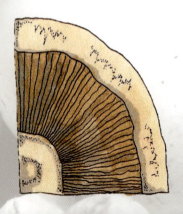

どうやって保存するのがいいのかな?

冷蔵庫にそのまま入れるのではなく
新聞紙などにくるむか、ビニール袋に
入れて保管するのが良いと思います。
マッシュルームの特徴である
豊富な水分が抜けてしまうのを
防ぎます。

マッシュルーム料理の金字塔
マッシュルームのアヒージョ

- マッシュルーム……………………………8個
- オリーブオイル……………………………30cc
- にんにく……………………1片(スライス)
- 鷹の爪…………………1本(切らずにそのまま)
- 塩……………………………ひとつまみ強
- パセリ(みじん)又はセロリの葉……適量
- パン(バゲット)……………………………2枚

2人分

作り方

1) フライパン(カスエラ)にオリーブオイルを入れ、にんにくと鷹の爪を入れ、マッシュルームのステム(軸)を取って入れる(このとき、ステムが付いていた方を下にするとより早く仕上がる)。

2) 取ったステムもフライパンに入れてマッシュルームと一緒に火をとおす。やや強火でマッシュルームが少し色がついたところで裏がえし、弱火にする。

3) しばらくしてマッシュルームのかさの中にマッシュルームのエキスが出てきたら、ひとつまみ強の塩をふる。

4) しっかり火がとおったところで、マッシュルームのエキスをこぼさないように別のお皿に盛り付け、パセリ(セロリの葉)をふり、楊枝をマッシュルームに2本ずつ刺す。

*残ったオイルにパン(バゲット)をひたして食べると、よりおいしくいただけます。

*マッシュルームから水分が出るので塩は多めのほうがおいしいです。

美味しいが溢れる
マッシュルームのオムレツ

マッシュルーム……… 2個（7ミリにスライス）
全卵…………………… 3個
牛乳…………………… 適量
塩……………………… 少々
サラダ油……………… 大1

2人分

作り方

1) ボールに卵を割り入れる。塩・牛乳を入れ、箸で軽くまぜる。
2) フライパンを強火で加熱し、サラダ油を入れ、マッシュルームを炒める。
3) 強火のまま、2)の中に1)を流し入れ、フライパンと箸を大きく動かし、手早くまぜ、半熟状態にする。
4) フライパンを傾けて、卵を1/3奥へ折り、残りの卵はヘラ等で手前に折る。
5) フライパンをひっくり返して下が上になるように皿に盛りつける。

※溶かしバターを1)にまぜておくと風味が良くなります。
※小さいフライパンを使うと上手にできます。

本当にウマウマ
マッシュルームのゴロゴロカレー

```
マッシュルーム··················16個
サラダ油················20ml(適量)
白ワイン·························少々
市販のカレールー
```

 2人分

作り方

1) フライパンにサラダ油をひき、中火でマッシュルームをしっかりソテーし、仕上げにワインをふる。

2) 鍋に基準量に合わせてカレールーを仕上げ、1)のマッシュルームを加える。

*マッシュルームを少し煮込むと美味しくなります。
*火をとめてしばらく時間を置いた方が、カレーの中にマッシュルームのうま味が溶け出し美味しくなります。
*生マッシュルーム入りサラダを添えてどうぞ。

衣に包まれたマッシュの旨みが溢れ出す
マッシュルームのカツ

材料

ジャンボマッシュルーム ……… 1個 (半分にカット)
小麦粉 …… 適量
水 ………… 適量
パン粉(細かいもの) …………… 適量

 2人分

作り方

1) ボールに小麦粉を適量入れて水で溶く(あまり薄くならないで、ある程度さらりと流れるくらい濃度をつける)。
2) マッシュルームを、1)にくぐらせ、パン粉をつけ170℃の油で4分程度揚げる。

＊とんかつソース・タルタルソースが合います。

ボリューミーだけどヘルシー
ジャンボマッシュルームの
クリームシチュー

材料 (2人分)

- ジャンボマッシュルーム……2個
- 鶏もも正肉……1/2枚
- タマネギ……1/4個
- 赤パプリカ……1/4個
- セロリ……1/4本
- バター……30g
- 白ワイン……大さじ2
- 市販のホワイトソース……100g
- 牛乳……適量
- 塩・コショウ……適量
- パセリ(お好みで)

作り方

1) マッシュルームはステム(軸)をとりオーブンで10分火をとおしておく(このとき出る汁はとっておく)。

2) 鶏肉は一口大にカットし、野菜はそれぞれに小さめの四角にカットする。

3) 鍋にバターを溶かし、2)を一緒に入れ、しんなりしたら白ワインを入れ、軽く蒸す。

4) 火がとおったらいったん具を全部鍋から取り出し市販のホワイトソースを入れ、火をとおす。
このとき牛乳で濃度の調整をする。

5) ソースがなめらかになったら、塩・コショウで味を調え、取り出しておいた具材を戻し入れ、ソースとなじませる。このとき、先ほどとっておいたマッシュルームの汁もソースの中に入れて合わせる。

6) お皿にジャンボマッシュルームをのせ、マッシュルームの中央のくぼみにソースを流し入れて盛り付ける。お好みでパセリをふって飾る。

マッシュが変える定番パスタ
マッシュルームのミートソース

材料

マッシュルーム	6個
にんにく	2g(みじん切り)
鷹の爪	1本
タマネギ	80g(みじん切り)
人参 20g(みじん切り)　セロリ	15g(みじん切り)
牛挽肉(合挽肉でもよい)	120g
オリーブオイル	大さじ1
赤ワイン	大さじ1
トマト水煮缶(400g)	1個
デミグラスソース缶(250ml)	1個
ウスターソース	少々
塩 3g　黒コショウ	ひとつまみ
ナツメグ ひとつまみ　ローリエ	1枚
バター	25g

2人分

作り方

1) 鍋にオリーブオイル大さじ1を入れ、にんにく・鷹の爪を入れ炒める。タマネギ・人参・セロリを入れ、中火でしっかり炒める。マッシュルームを加えて炒める。

2) 1)に挽肉を加え、さらに炒める。赤ワインを入れて煮詰め、トマト缶・デミグラスソースとウスターソース・塩・黒コショウ・ナツメグ・ローリエを入れ煮詰める。最後にバターを入れる。

旨味の三重奏
マッシュルームと2種のトマトの
アーリオオーリオ

材料

マッシュルーム	10個	(少し厚めにスライス)
お好みのパスタ	200g	
にんにく(みじん切り)	少々	
オイル漬けドライトマト	50g	(2等分にカット)
ミニトマト	6個	(2等分にカット)
黒コショウ	少々	
塩	少々	
バジル	4枚	
オリーブオイル	大さじ4	

2人分

作り方

1) フライパンにオリーブオイル大さじ3をひき、弱火でにんにく・鷹の爪を炒める。にんにくに色がつくくらいまでゆっくりと炒める。

2) 1)に、マッシュルーム・ドライトマト・ミニトマトと、バジル2枚を加え、少し炒める。パスタのゆで汁を少し入れ全体をなじませる。

3) ゆであげたパスタを2)に入れ、塩・コショウで味をつける。

4) 器に盛り、残りのバジルの葉と残りのオリーブオイル大さじ1を全体にまわしかける。

和食もいけるのだ

マッシュルームの意外な一面として、
どうしても洋食に使用することを考え
てしまいますが
使ってみると意外や意外
【和食】にも大変活きる食材なのです。
グルタミン酸(旨味成分)を豊富に
持つマッシュルームは【出汁】を
活かす和食には実は最適な食材
といえます。
とりあえずは手軽に【お味噌汁】など
から始めてみるのも良いのでは。

まるで割烹
マッシュルームのだし巻きタマゴ

材料

ジャンボマッシュルーム…2個(3等分にスライス)

a(マッシュルームの漬け汁) - - -

しょうゆ……………90ml
みりん………大さじ2
酒……………大さじ2
砂糖………………60g

 2人分

b(卵液) - - - - - - - - -

全卵……………………………4個
和風出汁………………… 100ml (1/2カップ)
酒………………大さじ1と1/2
みりん……………………大さじ1
薄口しょうゆ…小さじ1/4
塩………………………………少々

作り方

1) 鍋にaを入れ、煮切る。
2) マッシュルームをソテーし、1)と絡めておく。
3) bをボールに入れ混ぜておく。卵焼き用のフライパンにサラダ油を薄くひき中火にし、bの卵液を少しずつ流し入れ、巻く。
4) マッシュルームは最初に卵を流したときに中央に入れます。
5) 卵液を7〜8回に分けて巻いていく。

まさか?! のおいしさ
マッシュルームの味噌汁

材料

マッシュルーム……… 4個（お好みにカット）
お味噌 ……………… 適量
水 ………………… 300ml
粉末かつおだし…… 適量

2人分

作り方

1）鍋に水を入れ、同時にマッシュルームも入れて、5分くらい煮る。

2）お好みの味噌を加え、仕上げる。

＊このとき、マッシュルームからだしが出ますが、ほんの少しかつおだしを入れるとより美味しくなります。かつおだしを入れすぎるとマッシュルームのだしが失われてしまうので注意してください。

本格和食マッシュ料理に挑戦
ジャンボマッシュルームに蓮根と海老の饅頭をのせて

材料

		2人分
ジャンボマッシュルーム	2個	
蓮根	100g（皮をむく）	
むきエビ	2尾（1cmにカット）	

餡(あん)の材料

かつおだし ……… 100ml
薄口しょうゆ …… 少々　　みりん ………… 少々
塩 ………………… 少々　　片栗粉 ……小さじ1

作り方

1) マッシュルームのステムを取り、傘部分を200℃のオーブンで5〜10分焼く（このときでるマッシュルームの汁はとっておく）。

饅頭をつくる

2) レンコンをすりおろし水気を切ってボールに入れる。ステムをみじん切りにして加える。むきエビを加える。塩・片栗粉を入れてよく混ぜる。

3) 2)を2等分にし、各々をマッシュルームにのせられるくらいの大きさにまるめる。160℃〜170℃の油で揚げ饅頭をつくる。

4) 饅頭の油をよくきって、マッシュルームにのせる。

餡(あん)をつくる

5) かつおだし・薄口しょうゆ・みりんを鍋に入れて中火で軽く火をとおす。

6) 1)の工程で出たマッシュルームの汁を加える。片栗粉でとろみをつけ、最後に塩で軽く味を整える。

7) 4)を皿に盛り、上から6)の餡をかける。

作り置きしておくと嬉しい一品
マッシュルームの佃煮

材料

マッシュルーム	16個(200g)
だし昆布	5cm四方を1枚
米酢	大さじ2
水	大さじ2
しょうゆ	60〜80ml
砂糖	大さじ1
みりん	大さじ2

2人分

作り方

1) 米酢と水を器に入れ、昆布を1時間以上つけて戻す。戻した昆布を1cm角に切る。

2) 鍋に水を入れる。沸騰したら、マッシュルームを入れ、1分半軽く茹でる。マッシュルームを取り出す。

3) 鍋に、分量の2/3のしょうゆと砂糖・みりん・ゆでたマッシュルームを入れる。弱火でコトコト15分〜20分くらい煮る。（水分がなくなってきたら水を足してください）

4) 仕上げに残りのしょうゆを入れて、さっと煮る。

＊2)のマッシュルームのゆで汁は旨味のある出汁として炊き込みご飯などに利用できます。

マッシュルームのおひたし
驚くほどの旨味、純和風マッシュメニュー

材料

ジャンボマッシュルーム……2個
（4等分にスライス）
水………………………… 200ml
みりん…………………… 大さじ2
酒………………………… 大さじ1
しょうゆ………………… 大さじ2
塩………………………… 少々
お好みの青菜適量（下茹でしておく）

作り方

1) 鍋に水とマッシュルームを入れて弱火にかける。
2) マッシュルームがしんなりしてきたらみりん・酒・しょうゆ・塩を入れる。
3) お皿に盛り、青菜を飾る。

サッパリ和風サラダ感覚
マッシュルームと新タマネギの おかか和え

材料

- ジャンボマッシュルーム …… 1個（12等分にスライス）
- 新タマネギ ………………… 1個（スライス）
- バター ……………………… 30g
- しょうゆ ………………… 大さじ3
- かつお節 ……… 軽くひとつまみ
- 塩・コショウ ………………… 適量

2人分

作り方

1) フライパンにバターを溶かし、マッシュルームを入れてよく炒め、しょうゆをからめたら器に移し、軽く塩・コショウして冷ましておく。

2) 冷ましておいたマッシュルームとスライスした生の新タマネギをボールに入れて合わせ、かつお節をかける。

＊味が薄い場合は、少量のしょうゆで調整する。

旨味と食感がたまらない【卵かけごはん】
マッシュルームのTKG

ジャンボマッシュルーム …2個（くし型に 8〜10個にカット）
　　　　　　　　　　　（レギュラーの場合は 8個くらいを半分にカット）
生卵……………………… 2個
サラダ油………… 大さじ 2　しょうゆ……… 大さじ 2
バター ………………… 20g　長ネギ(斜め切り) ……20g
ご飯………………… 丼 2杯
きざみのり・白ゴマ… 適量
芽ネギ(万能ネギでも可)‥ 少々

2人分

1) フライパンにサラダ油半量をひき、中火で長ネギを色がつくように炒め、取り出す。

2) 同じフライパンで残りのサラダ油をひきマッシュルームを入れ、水分がでてくるまでしっかりと炒める。しんなりしたら弱火にしてしょうゆを加え、よくからめる。

3) 火をとめてバターを入れ、しっかりとからめる。

4) 丼にご飯を入れ、3)をのせる。1)の長ネギときざみのりものせる。添えた生卵をとき、かける(仕上げに白ゴマと芽ネギをかける)。

和食マッシュの一押しメニュー
マッシュルーム入り炊き込みご飯

材料

マッシュルーム	12個（厚めのスライス）
米	1合
人参	30g（千切り）

調味液
- ＊水　　　　　　　　180ml
- 粉末和風だし　　　ひとつまみ
- 濃口しょうゆ　　　小さじ2
- 酒　　　　　　　　小さじ2
- 塩　　　　　　　　少々

インゲン（茹でて千切り）……4本

2人分

作り方

1) お米をといで水気を切り、調味液とともに炊飯器の内釜に入れて30分置く。
2) 内釜に人参の千切りとマッシュルームを入れ炊飯器で炊く。
3) 仕上げにインゲンなど青いものをご飯の上にのせる。

＊水180mlを、他の料理の行程でできたマッシュルームのゆで汁に代えると、よりおいしくなります。「マッシュルームの佃煮」参照。

ベーコンと相性が最高の
マッシュルームのベーコン巻き

材料

ジャンボマッシュルーム…1個（半分にカット）
スライスベーコン…………2枚
白髪ねぎ・万能ねぎ
（なくてもOKです）

2人分

作り方

1) カットしたマッシュルームにベーコンを巻き、フライパンでベーコン全体に焼き色がつくまで強火で焼く。

2) 蓋をして弱火にし、マッシュルームに火が通るまでゆっくり加熱する。

3) お好みで白髪ねぎまたは万能ねぎを飾る。ベーコンに塩気があるので特に味をつけなくていいが、好みでコショウ、山椒などふってもおいしい。

極上！ ジューシー！
マッシュルーム入りメンチカツ

材料

マッシュルーム……… 100g（半分にカット）

a) タネ - - - - - - - - - - -
豚ひき肉……… 200g
塩………… 小さじ1
タマネギ………… 1/4
全卵………… 1/2個分
塩・コショウ…… 少々
- - - - - - - - - -

パン粉
溶き卵
小麦粉

2人分

作り方

1) マッシュルームをソテーし、冷ましておく。
2) ボールにaのタネの材料を入れ、しっかり混ぜ、1)のマッシュルームを入れ、さらに混ぜる。
3) 適量をとり成形して小麦粉をつけ溶き卵にくぐらせてパン粉をつける。
4) 170℃の油で3〜4分揚げる。

マッシュルーム旨みがあふれる定番料理
マッシュルームのハンバーグ

材料

マッシュルーム ………………… 4個(4等分にカット)
合挽肉 ………………………………… 300g
タマネギ ……………………… 中1個分(みじん切り)

a) ＿＿＿＿＿＿＿＿＿＿

　全卵 ……………………… 1個
　トマトケチャップ …… 大さじ 1/3
　ウスターソース ………… 小さじ 1
　塩 ………………………… 小さじ 1 約5g
　コショウ ………………… 小さじ 1/3
　ナツメグ ………………… 適量(少々)

2人分

b) ＿＿＿＿＿＿＿＿＿＿

　パン粉 …… 20g　　　　牛乳 …… 適量
　サラダ油

作り方

1) タマネギのみじん切りはサラダ油で軽く炒める。マッシュルームも炒めておく。

2) 大きめのボールを用意し、a)を入れ混ぜ、合挽肉を加えてしっかりと混ぜたら、1)を入れまんべんなく混ぜ合わせる。適度な大きさに分け両手でしっかりとこねて空気をぬきながらまるめて伸ばす。

注) マッシュルームを炒めたとき出るエキスは、ハンバーグの中に入れる。同時に固さは牛乳の量で加減する。

定番のコロッケが一味かわる
マッシュルーム入りコロッケ

材料

- マッシュルーム……6個（大きめの粗みじん切り）
- じゃがいも……大1個
- タマネギ……1個（みじん切り）
- バター……40g
- サラダ油……小さじ1
- 塩・コショウ……適量
- 小麦粉・溶き卵・パン粉……適量
- 揚げ油……適量　トマトソース……適量
- 粉チーズ……適量　パセリ……適量

作り方

1) フライパンにバターを半量入れてタマネギのみじん切りが透明になるまで炒め、取り出す。
2) 同じフライパンにサラダ油をひき、マッシュルームをしっかり炒め、軽く塩・コショウしておく。
3) じゃがいもは蒸し、火が通ったらボールに入れる。そこに残りのバターを入れてつぶしながら混ぜ、軽く塩・コショウする。このとき、じゃがいもを手早く混ぜ粘りがでないようにする。
4) 3)に1)と2)を入れて混ぜる。丸く成形し、小麦粉・溶き卵・パン粉の順につけ170℃の油で揚げる。
5) 皿にトマトソースをひき、その上にコロッケをのせる。お好みで粉チーズやパセリを飾る。

＊マッシュルームは食感を楽しめる程度の大きさに切ること。また、トマトソースの代わりにとんかつソースでも美味しくいただけます。

旨味が溢れる
ジャンボマッシュルームの肉詰め

材料

- ジャンボマッシュルーム……1個
- 合挽肉……………………100g
- タマネギ……炒めたもの 10g
- 全卵…………………1/2個分
- 塩……………………ひとつまみ
- コショウ…………………少々
- ナツメグ…………………少々
- パン粉……………………10g
- 牛乳……………………大さじ2

(2人分)

作り方

1) オーブンを180℃で予熱しておく
2) ボールにジャンボマッシュルーム以外の材料を全部入れ、よく混ぜる。
3) マッシュルームはステム(軸の部分)をとりのぞく。ステムは細かく刻んで軽く炒めバットに取り出して冷ましておく。マッシュルームの汁が出てきたらとっておく。
4) マッシュルームに2)と3)を詰めて、180℃のオーブンで15分〜20分焼く

＊オーブンに入れる前にフライパンで表面に焼き色をつけておくとよいです。

丸ごと揚げちゃう
マッシュルームのフリット

材料

マッシュルーム……… 8個

フリットの衣 - - - - - -
小麦粉 ……………… 70g
サラダ油 ………… 30ml
水 ………………… 75ml
全卵 ……………… 1/2個分

- - - - - - - - - - - -

塩・コショウ ……適量

2人分

作り方

1) 小麦粉とサラダ油はあらかじめよく練っておく。
2) 1)に水と卵を入れボールで合わせ、マッシュルームをくぐらせる
3) 170℃の油で2分〜3分揚げ、最後に軽く塩をふる。

マッシュルーム王様
GIGAマッシュのまるごとステーキ

材料

ギガマッシュルーム …… 1個
塩 …… 少々
オリーブオイル …… 少々

作り方

1) オーブンを220℃に設定し予熱しておく。
2) 皿の上にギガマッシュを裏返しにのせ、オーブンで15〜18分焼く。
3) マッシュルームの水分がマッシュルームの傘の中にたまってきたらオーブンから取り出す。
4) 少し強めに塩をふり、オリーブオイルをかける。

旨味を包み込みました
マッシュルーム餃子

材料

- マッシュルーム……………100g（粗みじん切り）
- ニラ………………………… 50g（粗みじん切り）
- 豚ひき肉…………………… 30g
- ニンニク…………………… 1片（すりおろし）
- 塩……………………………少々
- ゴマ油………………………小さじ1
- 餃子の皮……………………25枚
- 水……………………………50ml
- サラダ油(焼き用)………適量

2人分

作り方

1) マッシュルーム・ニラ・ニンニクをボールに入れる。塩とゴマ油を加えて混ぜ合わせ、たねを作る。

2) 小さいスプーンで1)のたねを取り、餃子の皮に乗せる。半分に折り、片側にギャザーを寄せて、手に水(材料外)をつけて皮を閉じる。

3) 熱したフライパンに油を敷き、餃子を並べ、水を入れる。強めの中火で蒸し焼きにする。

4) 仕上げにゴマ油を上からかけ、餃子に焦げ目がついたら完成。

辛みと旨味の中華スタイル
麻婆マッシュ

材料

マッシュルーム………… 小さめのもの 8個（4等分にカット）
豚挽肉 …………… 100g　　しょうが…… 8g（みじん切り）
にんにく ………………………………… 1/2片（みじん切り）
ネギ ……………………………………… 1/4本（みじん切り）
サラダ油 ……… 大さじ1　　豆板醤 …………… 小さじ2

合わせ調味料
スープ ………… 200ml　　酒 ……… 小さじ2
しょうゆ … 大さじ1　　　塩 ………… 少々
甜麺醤 …… 小さじ2　　　砂糖 …… 小さじ2

2人分

水溶き片栗粉 ……………（片栗粉小さじ2・水小さじ2）
ゴマ油 ………… 小さじ1　　粉山椒 ……………… 適量

作り方

1) ボールに、合わせ調味料を入れ、合わせておく。
2) フライパンにサラダ油を入れ、中火で豚挽肉をパラパラになるまで炒める。豆板醤・しょうが・にんにく・ネギ・マッシュルームを入れてさらに炒める。
3) 合わせ調味料を加え、煮立ったら弱火にして3〜4分煮込む。
4) 最後に水溶き片栗粉をまわし入れ、ゴマ油を入れて火を止める。
5) 器に盛りつけてから、粉山椒をふる。

マッシュ醤

豆腐に!
肉に!
野菜に!
あれば幸せ調味マッシュ!

材料

4人分

- マッシュルーム……… 200g（2等分にカット）
- タマネギ…………… 1/2個（みじん切り）
- 豚ひき肉…………… 500g
- 豚バラ……………… 100g（細かく切る）
- 豆板醤（とうばんじゃん）………… 小さじ2
- 紹興酒（しょうこうしゅ）(又は酒)…… 大さじ4
- 甜麺醤（てんめんじゃん）………… 大さじ4
- しょうゆ………… 小さじ2
- 水………………… 大さじ6
- 鷹の爪…………… 1本
- にんにく………… 1片（みじん切り）
- サラダ油………… 適量
- めんつゆ………… 大さじ4
- ゴマ油…………… 大さじ2

作り方

1) 鍋にサラダ油をひき、鷹の爪、にんにくを炒める。マッシュルーム・タマネギ・豚ひき肉・豚バラを加えてしっかり炒める。

2) 1)に豆板醤を入れて炒める。紹興酒・甜麺醤・しょうゆ・水を加え、軽く煮詰める。

3) 最後にめんつゆとゴマ油を回し入れて味を整える。

ホームパーティに
マッシュルームのブルスケッタ

材料

バゲット
(スライスしたもの)

A カプレーゼスタイル

マッシュルーム…2個（4等分にカット）
ミニトマト…2個（4等分にカット）　モッツアレラチーズ…30g（小さめにカット）
バジル………2枚　　　　　　　オリーブオイル…適量　　塩…適量

1) マッシュルームは塩茹でにして冷ましておく。
2) トマト・モッツアレラチーズにバジルをちぎって入れ、1) と合わせてオリーブオイルと塩で味つけをし、トーストしたバゲットにのせる。

B きんぴら

ジャンボマッシュルーム…1個〜2個　ゴボウ…1/2本
ゴマ油…適量　　刻みのり…適量　　白ゴマ…少々
（きんぴらの調味料）酒…50ml　　しょうゆ…20ml　　みりん…50ml

1) ジャンボマッシュルームを10〜12等分にカットする。
　（レギュラーマッシュルームなら半分にカット）
2) ゴボウをささがきにし、マッシュルームと一緒にゴマ油で炒め調味料を加えて煮つめ、最後に白ゴマをふる。
3) トーストしたバゲットにきんぴらをのせ、刻みのりを飾る。

C マッシュポテトとマッシュルーム

ジャンボマッシュルーム…1個（10〜12等分にカット　レギュラーマッシュルームなら1/2にカット）
ジャガイモ…1個　　牛乳…………100ml
バター………10g　　塩・コショウ…少々

1) ジャガイモは皮をむき茹で、裏ごししておく。
2) 鍋に牛乳・バターを入れ、バターが溶けたら1)を入れ素早く混ぜ、塩・コショウをする。
3) マッシュルームはバターで炒め2)と合わせ、塩・コショウで味を調整して、バゲットにのせる。

D タプナード

マッシュルーム…2個（4等分にカット）
市販のオリーブペースト…100g　　にんにく…1片　　ケッパー…10g
アンチョビ…10g　　鷹の爪…1本　　オリーブオイル…20ml

1) マッシュルームを軽く炒めておく。
2) 材料を全部フードプロセッサーに入れペースト状にする。
3) 2)をバゲットにぬり、マッシュルームをのせる。（あればミニトマトで飾る）
＊ オリーブペーストがない場合は、オリーブの種なしで代用できます。

ワインやビールがすすむ
マッシュルームのガーリックトースト

ジャンボマッシュルーム……… 1個（4等分にカット）
（レギュラーマッシュルームなら4個をそれぞれ半分にカット）
バゲット …… 2枚

香草バター ーーーーーーーーーー
エシャロット… 5g
にんにく ……… 5g
パセリ ………… 20g
バター ………… 45g
ーーーーーーーーーーーーーー

塩 …………… 小さじ1/2（約2.5g）
ミニトマト ……………1個（半分カット）

2人分

1）ジャンボマッシュルームをフライパンでソテーしておく。

2）香草バターはフードプロセッサーにエシャロット・にんにく・パセリを入れ細かくし、その中にバターを加える。最後に塩を入れ、しっかり合わせる。

3）バゲット（焼かない）に香草バターをぬり、ソテーしたマッシュルームとミニトマトをのせる。

4）180℃のオーブンで4〜5分焼く。

＊香草バターは、冷凍保存しておくといつでも使えます。

おうちでほっこり
マッシュルームのクリームスープ

材料

マッシュルーム………… 200g
オリーブオイル………… 少々
生クリーム…………… 50ml
水(またはブイヨン)……… 300ml

＊薄味で仕上げたいときは水で、濃い味にしたいときはブイヨン(市販のガラスープの素)を使ってください。

塩……… 少々

4杯分

作り方

1) マッシュルームをフードプロセッサーでペースト状にする。
2) 鍋にオリーブオイルと1)を入れ、中火で15分〜20分くらいしっかりと炒める。
3) 2)に水(ブイヨン)を入れ、弱火でコトコト煮る。最後に生クリームを入れ、塩で味を調える。

おしゃれな卵料理の新提案
マッシュルームのキッシュ

材料

市販のパイ生地

合わせる具材

マッシュルーム……200g	ほうれん草…………1/2把
ベーコン……………50g	タマネギ………中1/2個
バター…………大さじ1	サラダ油………大さじ1
ピザ用チーズ………50g	

キッシュのソース

全卵…………………1個	牛乳………………50ml
生クリーム………50ml	塩・コショウ………少々
粉チーズ…………適量	

*市販のパイ生地は、パイの型より周囲3cmくらい大きめに伸ばし、バターを塗った型に生地を押し当ててしっかりと密着させる。
余分な生地は綿棒などで押しあて型の大きさに切る。
焼いたときに、膨らまないようにフォークで何個か穴をあけておく。
生地の上にオーブンペーパーを敷き、オモリを乗せ180℃のオーブンで15分焼く。オーブンペーパーを取り、さらに5分焼く。
焼き上がったら、温かいうちに卵黄を塗る。

作り方

1) フライパンにサラダ油を入れ、タマネギを炒める。小口切りにしたベーコン・マッシュルーム・ほうれん草の順番で炒める。しんなりしたらボールに移し冷ましておく。

2) 別のボールにキッシュのソースの材料を合わせ冷めた1)を入れる。

3) 焼いておいたパイの器に2)を流し入れる。ピザ用チーズをのせ200℃のオーブンで15分焼き、さらに180℃に温度をさげて12分焼く。

キノコ香る
マッシュルームのパン

材料

パン生地

マッシュルームパウダー ……………… 10g
強力粉 ……… 240g　　薄力粉 ……… 60g
砂糖 ……… 30g　　塩 ……… 4.5g
イースト ……… 6g（温水30gと混ぜる）
仕込み水 …… 135g　　バター（無塩）… 30g 室温に戻しておく

全卵（溶き卵）……………………………… 5〜10g

作り方

1) フードプロセッサーにバター以外のパン生地の材料を入れ、1分30秒回す。
2) 1)に、バターを埋め込むように混ぜて、30秒回す。
3) ボールにバター（分量外）を薄く塗り、一つに丸くまとめた2)を入れる。
4) 湿度75％温度30℃で30分〜40分発酵（一次発酵）させる。
5) 膨らんだ生地をガス抜きし、24等分にし、それぞれを丸める。
6) 形を整え、湿度80％温度40℃で、20分仕上げ発酵（二次発酵）する。

　仕上げ用の溶き卵を塗って、180℃のオーブンで12分焼く。

＊発酵はスチームオーブンもしくは電子レンジの発酵機能が良いです。
※マッシュルームパウダーはワキュウトレーディングで販売しています。

モチモチとウマウマが止まらない
ポンデケージョ

```
マッシュルームパウダー …… 20g
タピオカ粉 ………… 100g
強力粉 ……………… 12g
薄力粉 ……………… 12g
水 …………………… 100ml
全卵 ………………… 1/2個分
バター ……………… 20g
塩 …………………… 2g
＊絞り出し袋
```

20個分

1) オーブンを180℃で予熱しておく。
2) ボールにバターと塩を入れ、ポマード状になるくらいよく混ぜる。
3) 卵を入れ、さらに混ぜる。
4) マッシュルームパウダーを加えて混ぜたら、水を少しずつ加える。混ぜながら水を全部入れる。
5) タピオカ粉、強力粉、薄力粉を入れ全体がまとまったら、絞り出し袋に入れる。直径2cmくらいの大きさに絞って、180℃のオーブンで10～12分焼く。

なめらかな旨味
マッシュルームムース

マッシュルームパウダー	大さじ1
牛乳	200ml
生クリーム	200ml
粉ゼラチン	5g（大さじ1の水でふやかしておく）
砂糖	40g

4人分

作り方

1）牛乳と砂糖を鍋に入れ、弱火にかける。砂糖が溶けるまで加熱する。

2）生クリームとマッシュルームパウダーを入れてよく混ぜ、粉ゼラチンも加える。全体がよく混ざったら火を止める。

3）型に流し入れ、ラップをし、冷蔵庫に入れて固める（沈殿しやすいので、途中で混ぜると良い）。

【 一平ライス 】

日本を代表する芸術家・岡本太郎

その母、岡本かの子が考案し

父・岡本一平が好んで食べたという

「一平ライス」

マッシュルームを知る人が少ない時代に
こんなオシャレなマッシュゴハン
あの岡本太郎の芸術性も
こんなハイカラな食卓で
創られたのかもしれません。
そんな「一平ライス」のレシピを
皆さんにご紹介いたします。

「一平ライス」は病後の夫・一平の食生活を考えた
岡本かの子夫人の夫婦愛から生まれた
メニューだったのです。
後に、昭和3年6月号の「主婦の友」で岡本かの子夫人は
そのエピソードに触れて記事を掲載しています。
その時のレシピを少し現在風にわかりやすくしてみました。

マッシュルーム・6個分を小さくカット
ニンジン・1/4本をお好みのサイズに小さくカット
サヤエンドウ4本下茹でして小さくカット
ごはん・お茶碗2杯分くらい
卵・1個分薄焼きにして細くカット（盛り付け用）
炒める油はお好みのものをお使いください。

先にマッシュルーム等の具材を油で炒め
ごはんを加え、塩で味を調えます。
最後に卵を薄焼きにしたものを
上に添えたら完成です。

非常に素材の味を生かしたレシピです。
シンプルな中にハイカラな感覚が光る
岡本家のこのメニュー、是非皆様もお試しあれ。

マッシュルームの料理をご紹介しましたが
このマッシュルームがどこで生まれ
どのように世の中に広がっていったのか
皆さんにお伝えできたら
マッシュルームがもっと
身近に感じてもらえるはず
意外な事実から、努力の歴史まで
どうぞお楽しみください

HISTORY OF MUSHROOM

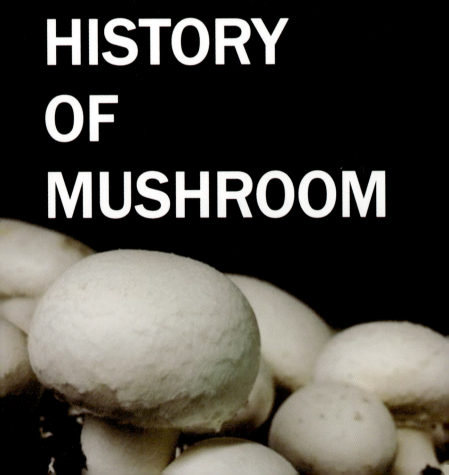

こんにちは！僕、マッシュルーム♪

僕たちマッシュルームの人工栽培の始まりは
パリ郊外の【メロン栽培】がきっかけでした。
メロンを栽培するために厩肥の発酵熱を利用した
温床が使われ、その温床を屋外に山積みにしてい
たら、たまたま僕たちマッシュルームが
生えていたんだ。
人々が僕たちマッシュルームを食べたところ大変
美味しく、それを食用に採るようになりました。

さらにその温床に、家畜の糞や敷き藁をかぶせて、
さらなる収穫を試みたのが人工栽培の始まりだっ
たと思います。たしか 16 世紀半ばの出来事だった
かな。
下の写真は、その時代のパリの洞窟を
利用した僕たちの栽培風景だね

その後は僕たちを
効率的に栽培するための
【種菌】を増やす試みが始
まり、栽培も地下から小屋
などの屋内栽培に移行し
ていきました。
その時の流れをくむ種菌
が現在でも世界各地で
使用され、シャンピニオン
ドパリを生み出しています

18世紀には西ヨーロッパの国々に様々な栽培方法
が広がり、19 世紀初頭にはアメリカで
本格的な【棚式】といわれる栽培方式が開発され
目覚ましい発展を遂げていきます。
19 世紀末には生まれ故郷のフランスをしのぐ
生産量をアメリカが持つようになります。
こうやって僕たちは世界中に広がっていきました。
その後、オランダなどでは【棚式】を基本とした
機械化による大量生産方式や、イタリアで普及した
【袋式】といわれる栽培方法も生み出され、今日の
人工栽培の礎となっていきます。
時代は馬から自動車などに変わっていき厩肥の
減少が起こり、植物性の栽培堆肥の研究が進みま
した。21 世紀の今日ではマッシュルーム栽培は最新
のバイオテクノロジーを用いた農産業としても地位
を確立しているのです。

日本における僕たちの歴史・・・

キノコ栽培の父
森本彦三郎氏

僕たちが日本に初めて来日したのは明治時代の中頃でした。
最初の栽培実験は新宿御苑でおこなわれたんですよ！でもこの頃は栽培が普及するほどではなかったのです。
日本で僕たちの栽培に成功したのは森本彦三郎さんが、アメリカやヨーロッパを巡り様々なキノコ栽培の知識と技術を学んで帰国し
1922年日本で初めてマッシュルームの人工栽培が日本で成功しました。
その後は「西洋マツタケ」という名前で栽培を拡大し、種菌販売から、栽培事業、缶詰の輸出各地の栽培指導などで、僕たちの普及に努めてくれました。

戦前の日本では陸軍の軍馬の厩肥が大きな供給源でしたから、僕たちの栽培場は最初、千葉県の習志野連隊所などに隣接して出来ていました。
まだこの時代は年間の生産量が280t程でした。陸軍と僕たちマッシュルームの関係‥なんだか面白いかかわりですよね？
戦後の日本は軍が解体されてしまいましたから、厩肥の供給が耕作馬や競走馬に移行していき、厩肥に頼らない人口堆肥も用いられるようになりました。
戦後以降は各地で本格的な僕たちマッシュルームの栽培が国内で始まっていきます。

この時代の日本のマッシュルーム栽培はアメリカなどの缶詰市場を主な対象として栽培していましたので、1974年には年間の生産量が15300tになるほどの発展を遂げていました。ですがこの時代を境にアジア、主に中国や、台湾などでの栽培も盛んになりその国々の影響を受け
徐々に生産量は減少していきました。
ここからが日本でのマッシュルームの本当の試練の時代になっていきます。
その後、安心安全な国産への期待が高まり以前は加工品向けの栽培だったものが生鮮品の市場へと移り始めます。現在は最盛期ほどではないものの年々生産量は上昇の傾向にあり
以前よりもっと身近なキノコになっています

8月11日 は マッシュルームの日

マッシュルームの人工栽培を
日本で初めて成功させた
「キノコ栽培の父」といわれる
森本彦三郎氏の
生誕日です

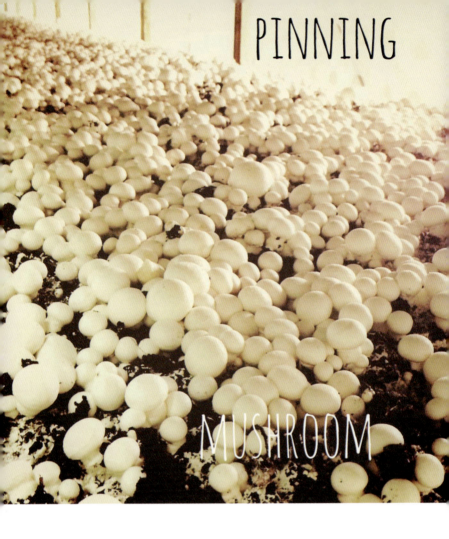

PINNING MUSHROOM

マッシュルームの栽培について

マッシュルームがどのようにつくられているのか
ちょっと興味ありませんか？

マッシュルームの栽培

みなさまにマッシュルームが
どのように栽培されているのか
こちらで御紹介させて頂きます。
なかなか知ることが少ない
栽培風景をご覧下さい。

①床詰め・覆土

1）1日目、栽培室の専用棚に、培地（堆肥と種菌を混ぜたもの）を均等に充填し、培地の表面にピートモスを約5cm程の厚さになるよう覆土します。覆土が乾燥しないように適宜の水かけが欠かせません。

※【ピートモス】はミズゴケの腐植土のこと

2）7日目、覆土層の半分程度に菌糸が生長してきたら、機械で覆土層全体をかくはんします。

3）9日目、覆土表面が真っ白い菌糸で覆われたら、室内に外気を大量に吹き込み、温度・湿度・CO2 を調整。この処置により菌糸から「キノコ」へと変化していきます。

②発生

①の工程を経て下の写真のように皆さんが見たことのある可愛らしい姿に育っていきます。

③収穫

①菌舎内は温度 17〜18℃で、湿度 90％前後、CO_2 が 1,500〜2,000PPM に保たれるよう管理されています。ひとつひとつを手で丁寧に傷つかないように収穫します。
マッシュルームの収穫はこの後約3週間にわたり収穫できます。
【キノコ】といえば木のような
ものから生えているイメージがありますが
マッシュルームは厩肥や稲わら（ヨーロッパなどでは麦わら）
を使用した【培地】と呼ばれる
有機堆肥に菌を混ぜて
生産されています。

マッシュルームの培地ってなに？

マッシュルームは他のキノコと違い原木などで育つわけではありません。厩肥などを材料にした菌床培地を製造します。これがマッシュルーム栽培にとってとても重要なものなのです。では製造の流れを簡単に皆さんにお教えしますね。

①原料は【厩肥】(馬の敷きわら)に十分に水分を含ませ湿らせて、そこに鶏糞と石膏を混ぜ堆肥のもとを作ります。
【バンカー】と呼ばれる発酵槽に充填します。発酵により、堆肥温度が８０℃まで上昇します。

②2、3日経つと堆肥の上げた温度が下がっていきます。これは微生物の動きが緩やかになるためで、この後微生物の動きを活発にし、堆肥の品質を均一にするために、空いているバンカーに移す作業を行います。これを【切り返し】と呼び、3回ほど【切り返し】を行います。この状態までで最初の日から１０日ほど要しています。

③次にご紹介する【堆肥】の製造方法はオランダで開発されたシステムで【トンネルシステム】と呼ばれています。バンカーで【切り返し】の作業を繰り返した【堆肥】はこの後トンネルに充填しトンネル内で温度や空調管理をして【堆肥】の低温殺菌やアンモニアの除去をします。こうすることで、後に混ぜ込むマッシュルームの種菌が育ちやすい【堆肥】になっていきます。

菌糸がのびた【培地】の様子

④トンネルでの作業が終わった【堆肥】は一度トンネルから取り出し、マッシュルームの**種菌**を混ぜ込みながら再びトンネルに充填し直します。細かい温度調整などを行いながら種菌の培養を進めていきます。
最初の工程から約15日でこの製造段階までたどり着きます。個々の段階から【堆肥】から【培地】と呼ぶようになります。種菌が十分に生長したらトンネルから取り出し、栽培のページでも紹介した棚の中に充填されマッシュルームの栽培が始まるのです。

循環農業

マッシュルーム収穫後の培地はどうするの?

収穫が全て終わったら、菌舎内を70℃の蒸気で10時間高温殺菌します。

菌床を排出した上で近隣の野菜農家に【培地】を有機肥料として販売。

環境にやさしく栄養素たっぷりなので、マッシュルームを育て終わった後も

畑の土を作る糧として活躍しています。

The Mushroom People

#.1

HONEY MI HONEY TOKYO
レトロなモーテルをイメージした pink is heart MOTEL とポップなアミューズメントパークをイメージした
HONEY MI HONEY LAND からなる、カフェとアパレルが融合した cute なショップ。
シャワールーム、コーヒーカップ、メリーゴーランドなど目でかなり楽しむことのできる、来るだけで幸せな気持ちになれるショップです!
カフェでは毎日焼き上げている自家製ブレッドでマッシュルームをふんだんに使用したホットサンドがオススメ!

右写真
オーガニックホットサンド
セット¥1,000
単品¥700

■HONEY MI HONEY TOKYO
〒150-0001
東京都渋谷区神宮前 6-2-6
原宿あかねビル 2F
03-6427-4272

The Mushroom People
#.2

FACTORY900
THE FUTURES EYEWEAR

福井県に本拠地を置き
イタリア・ミラノサローネにも出展
独特なデザインで眼鏡業界での
話題を常に生み出しています。
そんな FACTORY900 さんが
【マッシュルーム】に
フューチャーした
眼鏡を制作しました。
マッシュルームの可愛さは
ジャンルを超えて
ファッションの世界にも
届いているのですね。
スタイリッシュにデザインされた
マッシュルームの眼鏡は
マッシュルームをもっと皆さんの
生活に広げてくれる
アイテムになるでしょう。

左:代表の青山さん、右:表参道にあるトーキョーベースの長谷川店長

FACTORY900 TOKYO BASE
〒150-0001
東京都渋谷区神宮前5丁目
21-21 MOON-SITE1F
03-3409-0098

The Mushroom People
#.3　The MUSHROOMS

マッシュルームに惚れ込んだ
若手作家の二人！
マッシュルームにかける想いを聞いてみました
フランス語で「きのこ」は「シャンピニオン」で、
「マッシュルーム」は「シャンピニオン ド パリ＝
パリのきのこ」というそうです。美食で愛国心の強いフランスで、華の都「パリ」を名乗ることを許されたきのこがマッシュルームということになります。私たちはこのことを知ってから、マッシュルームをきのこ界のナポレオン的存在と捉えるようになりました。日本のしいたけ（きのこ界の徳川家康）と比べて、シックな感じもします。フランス進出を野望として掲げる私たちですが、もしその日が来ましたら、是非マッシュルーム農家を訪れたいです。きっと想像以上の伝統や、誇りが溢れていて、素晴らしく感動することでしょう。そんなことを妄想しながら絶賛活動中。マッシュルームが好きで好きでしょうがない様子のお二人。今後の活動が楽しみです。

●THE MUSHROOMS（活動ネーム）

谷井瑛里予【左】、原田祐実【右】
THE MUSHROOMS はグラフィックデザイナーの谷井瑛里予とOL 陶芸家の原田祐実によって2015 年秋に結成。大学時代からのバイト仲間であり、共にマッシュルーム好きで意気投合。谷井は学生時代からの制作活動で、原田はフランスへの留学経験から、マッシュルーム愛を深める。きのこを軸にそれぞれの分野で活動し、2016年秋、下北沢にて初となる個展を開催予定。

The Mushroom People

#.4

マッシュルームの歌が

生まれました

シンガーソングライター

嘉門達夫さん

「知れば知るほど魅力的。

このウマさをもっと

広めなければ!

と思って歌にしました」

※ご本人コメント

そんな想いで産み出された
「マッシュルームラブ」は全国のCDショップで販売されます。
食べるだけではなく、歌の世界までインスピレーションを
感じさせる「マッシュルーム」。
嘉門さんの愉快唄にのって
よりたくさんの食卓を賑やかしていきます。

The Mushroom People
#.5 MUSHROOM TOKYO
日本初！マッシュルーム料理専門店！

マッシュルーム好きにはたまらないマッシュルーム満載のレストラン！お店のすべてのメニューにマッシュルームが使用されているという徹底した専門店!!
こちらではマッシュルームを様々なスタイルで食べて楽しむことができる定番の洋食から、和食スタイル、中華スタイルとアプローチは様々。
マッシュルームと野菜
マッシュルームと肉
マッシュルームと海鮮
あなたはどれがお好き？
お店は表参道を少しはいった路地にある、表通りの賑やかさとはまた違うどこか懐かしい雰囲気がまた美味しいマッシュルームとの出会いを予感させます。
マッシュルームがお好きな方なら楽しめること間違いなし!
是非一度は訪れてみては？

この本でも数々のマッシュルームレシピを教えてくださったマッシュルームトーキョーの料理長である鈴木シェフは「素材」の良さを活かす料理を常に意識し、枠にはまらないメニューの数々で、毎日たくさんのお客様を迎えている。
マッシュルームをよりたくさんの人々に食べて頂き、その美味しさを知ってもっともっと好きになってもらいたい鈴木シェフは語る。
様々な食べ方、様々なスタイルで登場するマッシュルーム料理は誰もが驚きを隠せない、そんな楽しい体験ができる自慢の料理を是非味わってみてはいかがでしょうか?
マッシュルームトーキョーではおいしいランチもやっているそうだ。
ここに来たら新しいマッシュルームの一面に出会えるかも。

MUSHROOM TOKYO マッシュルームトーキョー
〒150-0001 東京都渋谷区神宮前 6-2-4
03-6450-5877
定休日毎週月曜日
ランチ　：平日 11:30〜15:00　土日祝 11:30〜15:30
ディナー：平日 17:30〜23:00　土日祝 18:00〜23:00

日本唯一のマッシュルーム専門商社の社長と
日本最大規模のマッシュルーム農場の社長が
現代のマッシュルームマーケットを
創り上げるまでのストーリーを
お届けいたします。

> **Q** 当時、日本ではほとんど知られていない「マッシュルーム」の専業農家になったきっかけは？

A　菅佐原社長（以下菅佐原）

1964年の東京オリンピックのとき、大勢の外国人が来日しました。海外の人たちにとって、マッシュルーム

は食卓には欠かせない食材だったにもかかわらず、日本にはほとんど存在してなかったんです。選手村にあがった不満の声に応えて、日本でのマッシュルーム生産が一気に加速していったんです。

当時の生産のピークは1967（昭和42）年頃。私の両親がマッシュルーム栽培を始め、私も5年後に就農し、芳源ファーム有限会社（現　芳源マッシュルーム株式会社）を立ち上げました（1987年）。

でも、当初はマッシュルームがどういうものかまったく知らず、ただ家業をそのまま引き継いだだけ。店舗では販売されていない時代で、**缶詰用に生産してアメリカに輸出**していました。

ところが、台湾、韓国、中国もアメリカ向けに輸出を狙って、マッシュルームを安価で生産し始めたので、日本の缶詰用原料栽培はすぐに衰退。わずかに生鮮市場スーパーマーケット向けに出荷したものの、**まったく売れませんでした**。

マッシュルーム栽培の**基本原料は、米農家が作る稲藁**ですが、昭和47〜48年から50（1975）年を境に、稲作の機械化で大転換が起きたんです。

それまでは、収穫期を迎えた稲を、人の手で鎌を使って刈り取っていました。それが、コンバインの登場で、稲や麦を刈り取りながら、籾の脱穀、藁の裁断処理など、一連の収穫作業を1台で行うようになったんです。

芳源ファームの米作り作業は楽になったものの、機械代とそれに伴う経費の出費が高額で、採算が取れず、さらに減反政策も重なって、米作りはやめました。勤めに出るかマッシュルーム栽培を続けるか、選択を迫られたんです。

就職できる保証はなかったので、悩んだ末、このままマッシュルームをやっていくぞと、本格的に栽培を始め

ました。

しかし、**マッシュルーム栽培のみで生きていくぞと決めたものの、生鮮向けは売れず、この先どうしようか妻と二人で途方にくれました。**

劇的にマッシュルーム業界の景色が変わったのは、途方にくれてから**20年後の1993年**、缶詰メーカーから独立して規模拡大を決意したとき。

ただ、当時あったのは菌舎だけ。一からすべて自分たちで対応することはかなりのチャレンジで、**栽培や発酵作業では相当苦労しましたが**、とにかく必死でした。

物を売る時に一番大事なのは、欲しいときに欲しい分だけあるという安定出荷です。それができないと、取引先からの信用は得られません。そのため少しずつ生産量を増やしていこうと躍起になっていましたね。

ちょうどそんなとき、12月の寒い時季に、**芳源ファームに高橋さんがやって来たんです。**そして「こんな堆肥でマッシュルームを作ってるんですか？」って呆れるようにいわれて、大きな衝撃を受けました。

Q	高橋社長のマッシュルームとの出会いは？

A　高橋社長（以下高橋）

マッシュルームと関わり始めたのは、今から30年ほど前。**大手外食チェーン店の仕入れ関連会社で、マッシュルームを担当したのが始まりでした。**

あるとき、会社直営の**中国のマッシュルーム農場に赴任。カナダから来たマッシュルーム栽培のプロと一緒に**

住み込んで、連日農場を見て回り、作業や栽培への姿勢を伝授してもらいました。

さらに、間近で見ながら、**自分でも堆肥作りから床詰、ピートモスを上に乗せる作業、収穫、箱詰め**、それをトラックに乗せて北京の空港に運ぶなど、マッシュルーム栽培の全工程を学びました。

知識と技術を習得すると、**どんどんマッシュルームに愛着がわいて、気が付いたら面白くて仕方がない**と思えるようになっていたんです。

赴任当初はまだ知識が浅く、しかも英語がわからなかったので、本社に英語の通訳を要請しました。

やってきたのは、同じ会社に勤めていた1人の女性。赴任する際、
「高橋は仕事ができない。役に立たない。注意人物。とにかく気を付けなさい」
と、散々くぎを刺されて来たので、最初はつれない態度でした。それでも、三輪タクシーで一緒に市場まで行って、買い物の仕方を一から教えたり、中国での生活習慣も伝授しました。**その女性が今の妻です。**私の仕事に対する真摯な姿が、聞かされていた話と違うことがわかって、惚れられたんですよ。(笑)

でも、今の成功に辿り着くまでには、菅佐原さん同様、**夫婦で悩み苦労してきました**。赴任中に1度、本社との折り合いが悪くなって、辞めようとしたときに妻から、
「**あと1年くらい勉強してみたら?**」
との助言で、頑張ろうという気持ちになれたんです。そうすると、さらにマッシュルームの面白さがわかってきて、一通りの技術を覚えたところで、退社の決心がつきました。

Q いよいよ「マッシュルーム」の世界へ本格的に踏み込むわけですね。

A 高橋

実は、中国赴任中に妻以外に、もう1人重要人物との出逢いがありました。後に私の転機に大きく影響を与えた人です。

日本の商社に勤務していた西田さんという方で"農場を見せてくれ"といって来たんです。でも社内ルールで視察を勝手に入れることができないので、それを西田さんにお伝えしたら、
西田「おんしゃあ、そんな固いこと言うなや」
高橋「西田さんどちらの人ですか」
「高知じゃ!」
「僕も高知ですよ!」
という会話で盛り上がってしまい、見せないわけにはいかなくなって、農場全部を案内し、その夜は一緒にお酒を飲みました。
「お前、日本にもんてきたら、とにかく俺に電話してきいや!」

そういって西田さんは日本に帰って行きました。

中国での任期を終えて、帰国と同時に退社。マッシュルームにかなり思い入れがあり、**"これでメシを食うぞ"**と1人で意気込んでましたね。

けれど、何の裏付けもなく、引っ張ってくれる人もおらず途方にくれたとき、西田さんの存在を思い出したんです。思い立ったら即行動。すぐに電話を入れると"今から話があるから、会社に来い"といわれ、そのまま西田さんがいらっしゃる東京本社に直行。そこで東北のマッシュルーム農場の地図を見せられて、

「ここの農場が困ってるから、お前、行ってくれないか」
「見てみないとわかりません」
「じゃあ、明日行こう」
思い立ったら即行動。翌日には東北のマッシュルーム農場にいました。
「ここを指導してほしい。どうだ、できるか？」
できるかどうかはわからなかったけど、乗りかかった舟なので、やるしかないと。

当時、東北農場のマッシュルーム生産量は、1年間で80tほどでした。**改良に改良を重ねて、かなり苦労しながら1年がかりで2倍の160tまでに。**
すると他の農場から、
「ずいぶん調子いいけど、何をどうやったらそんな結果が出せるの？」
と、電話がかかってきたり、北海道の士幌町にあったマッシュルーム農場から、
「うちも苦労しているので、ちょっと面倒を見てくれないか」
と依頼が入り、現地に行って、担当者と一緒にマッシュルームの堆肥作りから栽培など、全工程を手取り足取り教えました。1か月2t800ほどだった生産量が、最高で6tにまでになると、**山形、静岡、福島、高知、九州、福岡、福井など、各地からコンサルティングの依頼が届くんです。**日本中のマッシュルーム農場を多数訪問しました。

指導の依頼を引き受けて、マッシュルーム作りに欠かせない**種菌を輸入し、各農家に販売、その種菌を活かしたマッシュルームの作り方を教えました。**

各地に足を伸ばして活動する中で、千葉県旭市の若い生産者たちに技術指導をしたのですが、ある組合員から**"面白いところがあるから紹介する"といわれた先に、菅佐原さんがいたんです。**1999年12月の寒い時季でした。

自宅の軒先のような広場に、異様なすっぱい臭いのする黄色い堆肥が山積みで、**一目見ただけで"マッシュルーム作りに相当苦労している"**とわかりました。

カラメライゼーションという、藁が発酵してカラメル化する状態にはなっていなかった。堆肥の出来ばえは、色や手触りで判断するので、堆肥の山の

中に手を突っ込んでみたんです。基本的に中心温度は70〜80℃なんですが、それほど湯気は上がってなくて熱くない。しかも、まだ初期の段階だと思ったら、数日後には床詰めをするというので、かなり悪い状況だと察しがつきました。

Q 高橋社長の第一印象は？

A 菅佐原

芳源ファームにやってきた高橋さんは、堆肥の藁を水道水で洗って見せながら、
「ほら、中まで発酵してないでしょ！こんな状態でよくマッシュルームの栽培をしてますね」
と叱責したんです。心の中で"なんだ、偉そうに。いわれなくてもわかってるよ"と立腹。だって、これまで努力と苦労の連続だったのに、それを否定されたように感じました。とはいえ、本当は高橋さんに藁にもすがる思いだったんですけどね。同時に"胡散臭い奴が来たな"とも思いました。

けれど高橋さんは、ただ胡散臭いだけの奴じゃなかったんです。芳源ファームが心配で、**何とか経営状態を改善させて、一緒に成長していきたい**と強く思ってくれたのです。当時、**高橋さん37歳、私46歳。**

最初はあくまでも種菌の販売目的だったようですが、種菌の使い方、発酵の仕方、原料の見方、他の材料の紹介、他の産地の状況を伝えたり、全国の農場から見た芳源ファームのスタンスなど、様々な情報を発信してくれました。でもそれは、後になって少しずつ打ち解けてきてからわかったことなんですけどね。何しろ私にとって高橋さんは、胡散臭い奴でしたから。（笑）

Q マッシュルーム 躍進の幕開けですね

A 高橋

夕方4時頃、突然菅佐原さんのマッシュルーム農場に、
「今日の今日で悪いんですけど、今からマッシュルームを1,000パック用意できませんか？」って電話をするんです。通常では考えられないことです。だって夕方4時には、すでにその日の出荷は終わってますから。仮に残っていたら農場としては良くない状態ですからね。

実は、古巣の大手外食チェーン店が、中国から生鮮マッシュルームを仕入れてメニューに入れていたのですが、あるとき成田空港に着いたマッシュルームが、箱を開けるとトロトロに溶けて真っ黒で、とてもお客様に出せる状態じゃなかったのです。そこで菅佐原さんにSOS発信。菅佐原さんは、**夕方から必死になって1,000パックのマッシュルームを梱包して出**

荷してくれました。

夜7時頃に取りに行き、菅佐原さんのマッシュルームが店舗に到着すると、驚きの声が上がりました。今までの物とは明らかに違い、はるかにクオリティが高かったから。すると、次第に店舗から、毎日安定的に入るのかと聞かれるようになりました。そして2,000パック、3,000パック、5,000パックと、**毎日毎日注文通りに良質なマッシュルームが出来上がって納品される。**そのうち、さすがにもう無理だろうと思うような時間に「3,000パックお願いします」と連絡したら、「あります」「分納できます」という返事が返ってきて、**完璧なマッシュルームが出荷されました。**

そういうことが度々あったのですが、**その仕事ぶりは、それはそれは素晴らしかったですよ。感動しました。**

そうして種菌を売るだけじゃなくて、出来上がったマッシュルームを販売していく道が切り開かれていきました。そのため菅佐原さんのマッシュルーム農場は、目が回るほどの多忙を極めるんです。

A 菅佐原

私はマッシュルームが作りたくて作りたくてしょうがないから受注してしまうんですが、現場の従業員たちは帰りたいわけです。それなのに仕事しろというので、社員からは、「社長！何をいってるんてすか！」という声が上がるし、妻からも"そんなのダメ。断って"といわれて、農場内は喧嘩です。大変な状況でしたが相当嬉しかった。内心、高橋さんからの次の電話を心待ちにしていました。

2000年頃から2人での生産・販売が始まって順調なスタートをきると、**段々とマッシュルームが足りなくなってきたんです。**だから高橋さんを「東北にいないで東京に戻ってきてくださいよ」と口説きました。高橋さんが東京に戻ることになったときには、拍手で大喜びでした。

Q 自社の商品をどのように営業されたのですか？

A 高橋

マッシュルーム生産者のほとんどは、出荷センターに持って行ったところで手が離れて終わり。その後、自分たちが出荷したマッシュルームがどこに並んで、どんな人が買っているかはわかりません。それでは生産者のモチベーションは上がらないと考えて、**マッシュルームをスーパーの平台に並べることを提案したんです。**

東京に60店舗ほどあった中規模スーパーマーケットチェーンに、「マッシュルームの業者なんですけど、品薄でお困りじゃないですか？」ってダメ元で電話をしてみたら、「困ってるよ！」

「今から行っていいですか？」
「来て！来て！　話を聞かせてよ！」

　善は急げでさっそくスーパーに駆けつけると、よほどマッシュルームに困っていたらしく、青果バイヤーさんが大歓迎してくれるんです。
「うちも駆け出してどうなるかわからないけど、とりあえずやらせてください！」
って必死に願い出たら、全店からの注文書を私に FAX してくれて、それを私が菅佐原さんへ FAX を入れるというところから始まりました。さらに、
「ぜひマネキン（試食）販売を、やらせてください」
と申し込むと、バイヤーさんからは、
「どんどんやってくれ」
と快諾されました。店頭でマッシュルーム業者の社長からマネキンに早変わりして、**365 日のうち 220〜230 日ほど店頭に立って、**マッシュルーム販売をしてました。
「あの店頭販売の男の人に来てもらえる？」
とご指名が来ることも頻繁にありました。

　それまでのマッシュルームは 1 店舗で 1〜2 パック程度しか売れていなかったんですが、**試食販売をすると 200〜300 パック売れる**ので、バイヤーさんや店舗側も驚いていました。

　あるときは、菅佐原さんとスーパーで一緒にマネキン販売をして 1 日 800 パック売り、それを 3 日間やったこともありました。シンプルに塩と胡椒とバターで味付けした、**マッシュルームのバター焼きは人気がありましたよ。**
「わぁ！美味しい。マッシュルームってこんなに味があったの？」
という、お客さんの生の声を店頭で聞くことができて嬉しかったですね。その嬉しい気持ちを菅佐原さんにも伝えたくて、"一緒にやろう"と誘ったんです。

　そうやって次第に評判がよくなってくると、販売の様子を見ていた他店の経営者から、うちでもやってほしいといわれたり、新規取引の依頼があったりと、色々な人の協力も相まって、マッシュルームはどんどん広がっていきました。

Q　これはいけるぞと手ごたえを感じたのは？

A　高橋

　毎年、千葉県・幕張メッセで行われているアジア最大級の食品・飲料専門展示会**「FOODEX JAPAN／国際食品・飲料展」**や、プロ農業者たちの国産農産物・展示商談会**「アグリフード EXPO」**に 10 年連続で出展中です。

　あるときスーパーのバイヤーがやってきて、「面白いから検討するよ」といわれ、てっきりその 1 社との取引だと思っていたら、**実は大手のグループ企画会社の商談に呼ばれて採用に**

なったことで、思わぬ大規模取引になって、グループすべてのスーパーから引っ切り無しに注文が入りました。

「社長！　マッシュルームが足りないっ！　足りないっ！」

さらに、その状況を見た他のグループのスーパーからも、取引依頼の連絡が続々と入りました。

その頃は、企業に呼ばれて商談に行くと、すでに目の前に契約書が置いてあって、経理担当者が振込や請求書の話を始めるんです。でもこっちは商談だと思ってるから、行くぞっ！と意気込んでるわけです。"とりあえず食べてください"と持参したサンプルを置いてきたんですが、もはや商談ではありませんでしたね。

そんな飛ぶ鳥を落とす勢いの状況でも、菅佐原さんはきっちりと応えてくれました。何よりも1番の商品力はマッシュルームそのものですから、それをどう作るかが非常に大事になってくるんです。「市場のニーズ通りに作ってください」と伝えると、完璧にやってくれました。

マッシュルーム不足を解消するために、**栽培室4棟を建てること**が決まったとき「中古品ですが、オランダから栽培設備を輸入できますよ」と菅佐原さんに伝えたんです。そうしたら菅佐原さんは何の疑いもなく、即決で私の銀行口座に1,000万円を振り込んできたんです。そのあまりの早さと肝っ玉の大きさに、シビレましたね。私といういう人間をよく知らない状況で、どうしてこんな大金を振り込んでくるんだ!?ってびっくりでした。菅佐原さんは、**「だってやると決めましたから。迷っているとダメなんですよ。増産したかったですしね」**といってましたが、菅佐原さんにジャッジされたと思った。だからこそ絶対に菅佐原さんを裏切ってはいけないと思い、すぐにオランダに飛びました。

その結果2001年に和泉プラント4棟が増設されて菌舎数が21棟になり、**2人のマッシュルーム生産販売プロジェクトは、一気に動き出し加速していったんです。**その後も毎年増産し続けて、栽培室もどんどん増設されていきました。

Q　増産するという大きな決断をされたのですね？

A　菅佐原

1999年に高橋さんと知り合ってから2008年までの間に、一緒にヨーロッパへ行ってマッシュルーム農場を視察したり、エージェントに会って話しながら情報収集をしていました。

フランスで見学した種菌工場は、小さい工場ながらも衛生面で古ければ古いなりに工夫して作業していたり、きちんとお客様の方を向いた仕事をするなど、根底にある姿勢がはっきりと伝わってきました。そして、それまで栽

培室の増設は、6棟、4棟、2棟、3棟と、小さい規模ばかりでしたが、ヨーロッパで見た高度な設備を作りたいと思って、**2008年に千葉県・米野井に最新技術を備えた栽培プラントを6棟新設。生産量が年間350t増え、合計で780tになった。**同時にP3（※）の製造もやるという、大きな決断をしました。

※マッシュルームの菌を植えるための「堆肥」作りの工程
P1　藁を発酵させる1次発酵
P2　1次発酵させたグリーンコンポストをトンネルの中に入れ2次発酵させる
P3　2次発酵が終わった堆肥に菌を植え付け、その菌が延びたもの

Q　ここからお2人にとって本当の勝負が始まるのですね

A　高橋

マッシュルームの仕事で**日本一になりたい**と、菅佐原さんと長く語り合っていました。ただ2008年に6棟の大型プラントを造ったときには、年間生産量が350t増えるわけで、これを売り切らなければならないプレッシャーで、円形脱毛症になっちゃって。

A　菅佐原

高橋さんが"売れる"っていうから米野井プラントを造ったのであって、こっちは**農協から1億8千万円もの借金までしたんですからね。**

そんな中、中国で立て続けに起こった食品不祥事事件が日本では追い風になって、国産回帰現象が起きました。**中国産マッシュルーム離れが起きたんです。**そのため販売量が伸びて、**希望通り日本一を誇るまでに成長できた。**そして3棟、翌年また3棟と、次々にプラントを建てていきました。

A　高橋

我々がそれまで一番できなかったことは、**マッシュルームを作ることじゃなくて、売ることだったんです。**最初は手探り状態でした。店頭に立ってお客さんの状況を見聞きしながら、商品にフィードバックしていく。今まで夢中でのめり込んでいたマッシュルームの流通経験が活きました。

でも、単純に儲ければいいという感覚はなかったですね。**大好きで愛着があるマッシュルームを知ってもらうための努力は、惜しまない**姿勢でやってきたんです。

Q　待ってました！MUSHROOM TOKYOのオープンです

A　高橋

日本で1人が1年間に食べるきのこは約3,500g、1年間の国産マッシュルーム生産量を日本の人口で割る

と、**1人あたり年間たった60gしかマッシュルームを食べていない計算です。**スーパーで売っている1パックが100gなので、その1パック分すら食べていないんですよね。（2015年現在）

ただここ数年、あちこちでマッシュルームを使ったレシピが紹介されるようになって、**少しずつ消費量がアップ**してきました。

生食サラダやアヒージョが美味しいとわかる人が増えて、消費も増える。相乗効果で、他のマッシュルームの産地もどんどんどんどん増産しています。現在は**国産のマッシュルームを使った缶詰**も多く販売されていて、注目されています。

そしてついに2014年4月に、東京・表参道に**日本初のマッシュルーム料理専門レストラン・MUSHROOM TOKYO**をオープンさせました。

メディアに出るようになって、MUSHROOM TOKYOの前を通る人たちから"あ、ここテレビで見た。よく出てるよね"という声を聞くと、消費者の頭の中にマッシュルームがインプットされただけでも貢献してるなと思います。

フェイスブックでも、「家族で食べに来てあまりにも美味しかったから、帰りにマッシュルームを買って帰りました」と写真が送られてくるなど、数々の嬉しいエピソードも届きます。

加工品を作れば売れると思っている人たちが多いですが、スーパーにはありとあらゆる加工品があり、マッシュルームの加工品を買いに来る人は決して多くはありません。それなら直接アピールすれば、絶対に集客できると思ったんです。しかも原宿・表参道は、クレープ、パンケーキ、ポップコーン、アイスクリームなど、最先端な物を求めて行列ができる街。

さらに発信力を高めるために、日本で初めてマッシュルームの栽培に成功した、森本彦三郎氏の誕生日である**8月11日を「マッシュルームの日」**として、日本記念日協会に申請し認定されました。日本記念日協会出版の本にも掲載されています。

Q マッシュルームの未来についてお聞かせください

A 高橋

私も菅佐原さんもマッシュルームの事業に関して、現時点が着地点ではありません。**今後の展望は海外展開。**今年（2016年）菅佐原さんは**ベトナム**での生産開始に向けて着々と準備をしています。（9月から生産スタート）**日本人がプロデュースしたマッシュルームをベトナムでマーケティングし、すべて現地消費。**日本への輸出は考えていません。

実はベトナムは、たくさんのきのこを食べる文化があるにもかかわらず、

マッシュルームがないんです。さらにマッシュルームの文化を提唱するために、**MUSHROOM TOKYO をベトナムのホーチミンにも出店したいと考**えています。

現在の着地だけを見ると、いとも簡単に成功したように見えるし、中には"良いところに目をつけたね。儲けてるね"と言う人もいますが、とんでもない。ここまでの道のりは決して簡単ではありませんでした。

小さなレストランにも大口取引先と区別なく丁寧に対応し、食べに行ったりマッシュルームの話をしたりメニューを増やしてもらったり、少しずつ少しずつ**地道な活動をやってきたんです。そして気が付くと客は増えて、あちこちから取引の話が舞い込んできた**んです。

マッシュルームの美味しさに感動して、ある歌手の方が「**マッシュルームラブ」という歌**を完成させました。この唄で、子どもたちがダンスする様子を思い浮かべると、微笑ましいですね。

A 菅佐原

今の位置にたどり着くまでには、高橋さん同様、決して平坦な道のりではなかったですが、**困った時は周りの人たちに助けられました。**

とにかくみんなに美味しいマッシュルームを食べてもらいたい一心で、マッシュルームに並々ならぬ愛情を込めて、お客さんの気持ちになって向き合い、**ここまでやってきました。**それはこれからも変わりません。

私も高橋さんも、地道な販売活動をコツコツやってきたんです。マッシュルームの将来のことを熱く語り合いながら。

マッシュルームで生きていくと覚悟を決めているから、強みがあるんです。より多くの人に美味しいマッシュルームを届けられるよう、ますます邁進していきます。

協　　力（五十音順）

- 株式会社香取マッシュルーム
- 株式会社クラッチ
- 有限会社さくら咲く
- 谷井瑛里子
- HONEY MI HONEY TOKYO
- 原田祐実
- FACTORY 900
- 芳源マッシュルーム株式会社
- 株式会社ワキュウトレーディング
- ワキュウマッシュルーム専門野菜ソムリエ　今井正代

（敬称略）

Special Thanks

リカ／チアキ／エリ／ムツミ／タナカとゆかいな仲間達／シンちゃん／コウちゃん

参考文献（五十音順）

- 2014年版　きのこ年鑑
  株式会社特産情報　きのこ年鑑編集部／株式会社プランツワールド
- 味見ききみみアイルランド
  貝谷郁子／東京書籍株式会社
- ウィークエンドクッキング㉔　キノコとトリュフ
  ジャッキー・ハースト、リン・ラザーフォード／小宮山勝司・監修／中川晴子・訳／株式会社ソニーマガジンズ
- 改訂新版　栄養成分の事典
  則岡孝子・監修／株式会社　新星出版社
- きのこの食卓
  清水信子／株式会社高橋書店
- さおり＆トニーの冒険紀行　フランスで大の字
  小栗左多里、トニー・ラズロ／ヴィレッジブックス
- 主婦之友　昭和3年6月号
  株式会社主婦の友社
- スペイン　熱い食卓
  おおつき　ちひろ／文化出版局
- マイコフィリア　きのこ愛好症　知られざるキノコの不思議世界
  ユージニア・ボーン／吹春俊光・監修／佐藤幸治・田中涼子・訳／株式会社パイインターナショナル
- 森の妖精―キノコ栽培の父・森本彦三郎―
  吉見昭一／偕成社

著者

MUSHROOM TOKYO

マッシュルーム　トーキョー

日本初の「マッシュルーム料理専門店」として、東京の表参道に 2014 年 4 月にオープン。前菜からデザートまで約 40 種類を超える料理メニューには
すべてマッシュルームが入っている。

マッシュルームの卸販売を行う専門商社の社長で、マッシュルーム一筋 29 年の高橋和久がマッシュルームをもっと知って、食べてもらいたいと、新会社「株式会社ワキュウダイニング」を立ち上げ、オープンした専門レストラン。
毎日産地から直送される新鮮な生のマッシュルームをふんだんに使ったサラダなどが人気。

脇役としてではない、「主役」としてのマッシュルームを
前面に打ち出した単一食材型専門レストランとしてマスコミに取り上げられることも多い。

マッシュルームパウダーのお問合せ
㈱ワキュウトレーディング東京事務所
☎ 03-5980-2450

マッシュルーム料理レシピ監修
鈴木淑之
マッシュルームトーキョー料理長
1961年東京生まれ
1980年に調理師専門学校を経て
1981年芝パークホテルに入社
以来洋食一筋で30年にわたり勤務。
2011年にホテルを退社。
2014年からマッシュルームトーキョーの
シェフとして日々マッシュルーム料理を
考案し、マッシュルームの美味しさを伝えている。

デザイン・イラスト・写真・構成
桜井順一
マッシュルームトーキョー顧問
1982年秋田県秋田市に生まれ
日本国内、海外などでの飲食店での
飲食店プロデュースを経て
マッシュルームトーキョーの顧問になる。
同時に絵描き、デザイナーとしての
顔を持ち【創る】ことをライフコンセプトに
日々奮闘中。

大好き！美味しい！
マッシュルーム レシピ

著　者　MUSHROOM TOKYO
発行者　真 船 美 保 子

発行所　KKロングセラーズ

〒169-0075　東京都新宿区高田馬場2-1-2
　　　　　電　話　03-3204-5161(代)

印刷　中央精版印刷
製本　難波製本
ISBN978-4-8454-2391-0
Printed in Japan 2016